LOS AÑOS DE JUVENTUD

COMPRENDIENDO A

tu hijo de
18 a 20 años

Colección Clínica Tavistock

DIRIGIDA POR ELSIE OSBORNE

Beta Copley y Gianna Williams
DE LA CLÍNICA TAVISTOCK

COMPRENDIENDO A
tu hijo de
18 a 20 años

PAIDÓS

Barcelona
Buenos Aires
México

Título original: *Understanding 18-20 year olds*
Publicado en inglés por Rosendale Press Ltd., Londres

Traducción de Fernando Cardenal Alcántara

Cubierta de Mario Eskenazi

1ª edición, 1998

© 1995 by The Tavistock Clinic, Londres
© de todas las ediciones en castellano,
   Ediciones Paidós Ibérica, S. A.,
   Mariano Cubí, 92 – 08021 Barcelona,
   y Editorial Paidós, SAICF,
   Defensa, 599 – Buenos Aires

ISBN: 84-493-0621-3
Depósito legal: B-42.540/1998

Impreso en Gràfiques 92, S. A.,
Av. Can Sucarrats, 91 - 08130 Rubí (Barcelona)

Impreso en España – Printed in Spain

La clínica Tavistock, de Londres, fue fundada en 1920 para asistir a personas cuyas vidas habían quedado maltrechas a consecuencia de la Primera Guerra Mundial. Hoy sigue dedicada a entender las necesidades de las personas, aunque está claro que los tiempos y la gente han cambiado. La clínica sigue trabajando con adultos y con adolescentes pero, además, hoy tiene un gran departamento dedicado a los niños y a las familias. El departamento presta ayuda a padres amedrentados ante el desafío que representa la crianza de sus hijos, lo cual le ha dado una gran experiencia en niños de todas las edades. La clínica está decididamente a favor de intervenir lo antes posible en todos los problemas que inevitablemente surgen a medida que los niños crecen, y opina que, cuando los problemas se afrontan a tiempo, las personas más indicadas para resolverlos y ayudar a los niños son los mismos padres.

El personal profesional de la clínica está encantado de haber podido colaborar en esta serie de libros que describen el desarrollo ordinario del niño, y de haber podido así ayudar a señalar las dificultades que a veces se presentan y el importante papel que los padres están llamados a desempeñar.

LAS AUTORAS

Beta Copley ha trabajado y enseñado muchos años en la Clínica Tavistock. Es coautora, con Barbara Forryan, del libro *Therapeutic Work with Children and Young People* (Robert Royce, 1987) y es autora del libro *The World of Adolescence: Literature, Society and Psychoanalitic Psychotherapy* (Free Association Books, 1983). Está casada y tiene dos hijos y tres nietos.

Gianna Williams es especialista en psicoterapia del Departamento de Adolescencia de la Clínica Tavistock, y tutora del curso de posgraduados para el diploma de Master en Observaciones y Estudios Psicoanalíticos (Tavistock/University of East London). Es coautora, con Isca Wittemberg y Elsie Osborne, del libro *The Emotional Experience of Learning and Teaching* (Routledge, 1983) y ha publicado numerosos artículos sobre la adolescencia, referentes a temas como los trastornos del apetito, los grupos y bandas, y la actuación psicoterapéutica en minorías étnicas. Está casada y tiene dos hijos y un nieto.

SUMARIO

INTRODUCCIÓN

Éste es el último libro de la colección que hemos dedicado a estudiar el desarrollo de nuestros hijos, y trata de una edad que es crucial en sus vidas. A esta edad los jóvenes son ya tratados como adultos responsables, tienen derecho a votar y participan en decisiones importantes; sin embargo muchos están todavía terminando el proceso de conocerse a sí mismos, de saber quiénes son realmente. Por lo general es en estos años cuando queda ya afirmada la identidad personal, cuando cada cual se atreve ya a decir «así es como yo soy» y «así es como yo pienso».

Para muchos jóvenes y para sus padres ésta es la edad en la que tiene lugar el principio del fin de lo que ha sido la vida familiar que hasta entonces han conocido. Unos jóvenes dejan el hogar paterno porque tienen que proseguir sus estudios. Otros porque encuentran trabajo en otro lugar o porque desean convivir con otros jóvenes o con su pareja.

En años anteriores la familia fue el centro de la vida emocional y el polo de atracción, funciones que fueron luego transferidas, al menos parcialmente, al grupo de amigos de la misma edad. En la edad de la que ahora nos vamos a ocupar tiene lugar un mayor afianzamiento de la identidad individual, a menudo al mismo tiempo que se desarrolla una relación íntima y duradera con un amigo o amiga. Dicho de otra manera, el joven empieza a hacerse adulto.

Pasar de una vida centrada en la familia y en el grupo de amigos y tomar directamente la responsabilidad de decidir el tipo de vida que se quiere llevar significa que se está completando el proceso de crecimiento. Sin embargo, la marcha del proceso puede ser muy irregular, y ocurre a veces que alguien que tiene ya la edad de ser un joven adulto que no se siente todavía seguro de sí. Es el caso, en particular, del joven que desea dejar la casa de los padres pero no se siente seguro fuera de ella.

A esta edad del hijo se dan también cambios radicales en los padres. Para éstos, la marcha de casa del primer hijo, y aún más la del último, es como pasar una página del libro de sus vidas. Por difíciles y tensas que hayan sido muchas veces las relaciones con el hijo adolescente, lo más probable es que el momento de la marcha del joven evoque sentimientos dolorosos, y que se convierta para ambas partes en un momento decisivo en sus vidas, un momento que puede dejar tras de sí una sensación de vacío. La nueva situación exige también adaptación por parte de los padres, tanto si los dos viven juntos como si están separados o no vive más que uno de los dos. Incluso padres que han hecho siempre todo lo posible por ayudar al desarrollo del hijo y que no han pecado de sobreprotección alguna, temen ahora que el joven hijo no sea capaz de arreglárselas bien en su nuevo entorno. Esa preocupación natural se acentúa si a juicio de los padres la marcha del hijo ha sido precipitada o poco preparada. En este caso los padres pueden quedarse con una sensación de confusión y de no saber cómo hacer para ayudar de la mejor manera posible. En algunos casos, tras la marcha de los hijos los padres tienen que cambiar su modo de vida, lo cual les puede obligar a tomar decisiones difíciles. Para algunos padres no se trata solamente de que los hijos se vayan sino de que con ellos se va también la sensación de ser útiles en la vida. Por eso al llegar los hijos a esta edad se necesitan ajustes por parte de las dos generaciones.

A lo largo del libro iremos viendo ejemplos de las situaciones que suelen darse en las vidas de los hijos y de los padres. Los ejemplos están tomados de nuestra experiencia profesional de muchos años, pero, para defender el anonimato de las personas, ningún ejemplo corresponde exactamente a individuos concretos.

CAPÍTULO PRIMERO

RAYANDO EN LA EDAD ADULTA

Aprendiendo a conocerse a sí mismo

A partir de los 18 años los jóvenes empiezan a tener opiniones propias mejor definidas y a perfilar mejor sus aspiraciones y sus gustos.

Jenny, una joven que ahora tiene dieciocho años, iba antes con vaqueros raídos y con zapatillas deportivas con los cordones sueltos. Sabía que a su padre no le gustaba y que lo tomaba como una provocación, sobre todo cuando la chica se presentaba así delante de los familiares. Una vez el padre se negó a llevar a Jenny con el resto de la familia porque, según dijo, se avergonzaba de cómo iba vestida. Jenny, por su parte, no comprendió la reacción del padre y se sintió ofendida.

Jenny está ahora estudiando en la escuela de comercio y lleva vaqueros en buen estado. Para ella ese cambio es normal y no tiene que ver con los gustos del padre. Éste la comprende ahora mejor y se ha dado cuenta de que la hija evoluciona sin necesidad de que la regañen. Ahora Jenny se ríe cuando le recuerdan lo que aquellos vaqueros rotos hicieron sufrir a la tía Gladys. Ahora tiene más seguridad en sí misma y no necesita confirmar su identidad exagerando ante sus familiares las diferencias que la separan de ellos. Le gusta su actual apariencia. La fogosidad de aquella primera adolescencia casi se ha apagado.

Hasta no hace mucho Jenny se adaptaba enteramente al gusto de su grupo, no solamente en la apariencia —de hecho todas llevaban los vaqueros rotos y las zapatillas sin atar— sino también en lo referente a la música. Pero ahora que ya tiene dieciocho años ha desarrollado gustos más personales. Ahora es capaz de comprar música pop, que le gusta realmente, cosa a la que antes no se habría atrevido porque no era considerada «in» por el grupo. Incluso de vez en cuando le pide a su hermano mayor alguna cinta de ópera. Se ha hecho más libre de hacer su voluntad.

El hermano mayor, Bob, que ahora tiene veinte años, tenía la costumbre de exasperar a los padres dejando a la vista por todas partes periódicos populacheros y sensacionalistas que sabía desagradaban a los padres. No es que comulgara con el tono político y social de esos periódicos sino que los compraba sólo por seguir la corriente a su grupo de amigos. Con ello buscaba no únicamente molestar a los padres sino también incitarles a discutir con él, para de esa manera ayudarse a sí mismo a definir mejor su ideología. Desde los dieciocho años ha venido interesándose mucho por los temas políticos y sociales, pero en vez de seguir recurriendo a las respuestas prefabricadas de su grupo, ha ido expresando cada vez más abiertamente sus propias dudas y preocupaciones sobre cuestiones nacionales e internacionales como la guerra, la energía nuclear y el bienestar social.

Tanto Jenny como Bob saben ahora mejor que antes la clase de persona que son y lo que quieren, y no necesitan estar todo el tiempo enfrentándose a los padres. Su transformación ha facilitado enormemente la vida familiar. Ambos se hacen ahora una idea de los padres mucho más favorable que antes. Se sienten más seguros de sí mismos, algo muy necesario en esta edad en la que ocurren grandes cambios y en la que hay que tomar decisiones importantes.

La sensación de ser cada vez más uno mismo influye en otras cuestiones y a su vez éstas influyen en ella. Me refiero, entre otras cosas, a identificarse con alguna vocación laboral, establecer una buena relación de pareja y, en algunos casos, emprender estudios universitarios. Iremos desgranando estas cuestiones en los capítulos siguientes.

CAPÍTULO SEGUNDO

¿QUÉ HAGO AHORA? IDENTIFICARSE CON UNA VOCACIÓN

Al niño se le suele preguntar: «¿Qué quieres ser de mayor?». No se acostumbra a preguntar a los padres qué quieren ellos que sea el hijo; pero de hecho los padres suelen tener sus ideas acerca de lo que querrían que sus hijos fueran o hicieran el día de mañana. Algunos albergan la esperanza de que sus hijos sigan los mismos pasos que ellos en los estudios y en el trabajo. Otros quieren que los hijos lleguen a ser algo que ellos no pudieron ser. Son deseos frecuentes y comprensibles. Pero lo importante es que los padres ayuden a los hijos a encontrar su propio camino, su propia forma de expresarse, que los ayuden a sentirse libres de desarrollarse en una dirección o en otra, de modo que ante todo sean sinceros y consecuentes consigo mismos. Escoger una ocupación o incluso un estilo de vida muy diferente de la de los padres no tiene por qué ser visto por éstos como algo que va contra ellos. Pronto veremos, en los ejemplos de Yvonne y Roy, que para identificarse con una clase de trabajo el joven puede inspirarse también en el modelo de algún profesor o de algún pariente al que admire.

Los padres deben saber —y sus propios recuerdos se lo pueden decir— que el momento crucial de emprender un proyecto nuevo puede ir acompañado de mucha angustia. Siempre afecta mucho el tener que tomar una decisión importante, incluso aunque no sea definitiva. Pero hay que saber que ni los primeros trabajos ni los primeros estudios que se emprenden tienen por qué representar un compromiso de por vida. Es frecuente que después se cambie a otras cosas. Tirar por lo fácil entrando en campo ya trillado ahorra muchas dificultades pero puede impedir al joven desarrollar aspectos de su genuina personalidad.

Una manera de no pensar demasiado y reducir así la ansiedad es hacer una elección negativa, como puede ser el caso del hijo de un ingeniero que decide ser cualquier cosa menos ingeniero. Ésa sería una manera, aunque no muy positiva, de reducir la agobiante cantidad de opciones. A los dieciocho años el joven encuentra todavía difícil saber *quién es*. Le parece más fácil afirmarse recurriendo a decir *quién no es*.

Elección de carrera

Gavin era hijo de un médico de cabecera. Tanto el padre como la madre habrían querido que Gavin siguiera la misma carrera, y quizá que fuera aún más lejos y llegara a ser un buen especialista. Gavin, una vez superadas algunas rebeliones de su primera adolescencia, iba muy bien en sus estudios y tenía, en general, una buena relación con el padre. Sabía que si no estudiaba medicina su padre lo comprendería y superaría la decepción. En la universidad escogió una rama de estudios que podría llevarle a una carrera en la enseñanza. Una de las cualidades que admiraba en su padre era la dedicación a sus pacientes. Aunque no siguió la profesión del padre, desarrolló en su propio trabajo esa misma cualidad de dedicación que tanto admiró en el padre. A los diecinueve años, Gavin estaba ya incorporando a su propia personalidad las cualidades que admiraba en sus padres sin necesidad de imitarlos.

Los padres de Yvonne trabajaban explotando un pequeño negocio de su propiedad de cultivo de flores. Allí podría haber trabajado también Yvonne, y hasta habría habido lugar para las innovaciones que ésta hubiera querido introducir. Yvonne admiraba la belleza de las flores pero ese trabajo no le atraía. Le gustaba mucho la música y decidió estudiar esa disciplina y seguir después interpretando un instrumento que ya había empezado a tocar en la escuela, donde tenía una buena maestra que la animaba. Los padres habían tenido la esperanza de que siguiera el mismo trabajo que ellos, pero conocían muy bien a su hija y comprendieron que la vocación de ésta era genuina y llenaría su vida. Aunque sufrieron una decepción, aceptaron de buen grado que no quisiera seguir el camino que se le tenía preparado.

Un caso de clara vocación

A los diecinueve años, Roy era un joven consecuente consigo mismo. Sabía muy bien a qué dedicarse. Era ya un buen mecánico de automóviles y ganaba dinero. Además de trabajar en un taller, se había anunciado en la prensa local para tener más trabajo y aumentar sus ingresos. Sentía pasión por los motores y los coches desde niño. Una de las cosas que le habían llenado de admiración había sido ver a su tío Daren, que era un hombre joven, desmontar pieza a pieza el motor de la moto, engrasarlo todo y volverlo a montar.

Roy tuvo la suerte de ver con mucha claridad la clase de trabajo que le iba a proporcionar entera satisfacción. También tuvo la fortuna de encontrar buen empleo en ese trabajo. Pero además fue a clases nocturnas. Empezó ganando poco pero enseguida procuró ser autosuficiente.

Los problemas de la falta de empleo

Hay jóvenes que buscan trabajo desde que dejan la escuela pero sin tener una idea clara de lo que buscan, excepto la de ganar algún dinero. Aunque un determinado trabajo no sea especialmente interesante, siempre dará ocasión para establecer nuevas relaciones e incluso para hacer amistades. Trabajar sirve, además, para adquirir la sensación de pertenecer de verdad a la sociedad de los adultos. Existe una diferencia muy grande entre los jóvenes incapaces de encontrar trabajo y los que como Roy salen de la escuela y tienen la suerte de encontrar un empleo razonable que les permite identificarse con el mundo del trabajo. Los que no trabajan carecen de dinero y tienen la moral baja, y ambas cosas influyen negativamente en su vida social. La falta de trabajo reduce el deseo de avanzar y de hacerse adulto.

A Beverley no le gustaron mucho los años de escuela y cuando la terminó no estaba preparada para ningún trabajo ni tenía ningún interés especial por nada. Encontró un trabajo temporal de limpiadora en una escuela, que le duró solamente unos meses, hasta que la titular se reincorporó tras su permiso de maternidad. Tras un período de tiempo sin ocupación, Beverley se apuntó a un programa de capacitación para jóvenes, que no le gustó. A los dieciocho años seguía viviendo con los padres y tenía un empleo que no le gustaba, mal pagado y a tiempo parcial. La paga era inferior al subsidio de paro pero era el único empleo que había podido encontrar. Lo percibía como una explotación. Ambos padres estaban de acuerdo en que más valía tener un empleo, cualquiera que fuera la paga. Beverley veía con gran resentimiento la obligación de tener que aceptar cualquier trabajo que estuviera a su alcance. Se volvió malhumorada y perdió su autoestima viendo que no podía aspirar a ningún puesto en el mercado de trabajo que le diera la más mínima satisfacción.

Incluso en las ocasiones en las que tenía algún dinero para gastar, Beverley evitaba encontrarse en el pub con su antiguo grupo de amigas porque creía que la mirarían con desprecio. Donde sí iba con frecuencia era al centro social de la empresa, y así acabó encontrando un empleo mejor como dependienta de tienda. Se sentía resentida porque todavía no había podido dejar la casa familiar y precisamente una de las ventajas de la mejora salarial fue que podía contribuir en mayor medida al mantenimiento de la casa. Desde ese momento se sintió mejor, empezó a salir más y mejoró la calidad de su vida social.

Beverley estuvo muy baja de moral durante mucho tiempo pero logró recuperarse. A algunos otros amigos de la escuela las cosas les fueron peor, ya que o no llegaron a encontrar ningún empleo o el que encontraron lo perdieron al poco tiempo. Uno de éstos, Harry, era por entonces un chico alegre. Muy bueno practicando deportes, sobre todo el fútbol. Terminó la enseñanza secundaria obligatoria y no siguió estudiando pero tampoco tenía una idea clara de lo que quería ser. No encontró empleo. Le inscribieron en un programa de capacitación que resultó aburrido y que no logró despertar ningún interés en el muchacho. Siguió jugando al fútbol en el equipo local y manteniendo algunas relaciones sociales pero no tenía ningún dinero para salir, ni siquiera los fines de semana. A los dieciocho años se fue con unos tíos suyos que vivían en otra ciudad, pensando que allí tendría más posibilidades de encontrar empleo, pero sus esperanzas no se vieron cumplidas. A los diecinueve años pasaba la mayor parte del tiempo mirando la televisión, solo y malhumorado. Echaba de menos el fútbol pero se encontraba demasiado abatido como para contactar con el club local. El abatimiento le hizo apático y le llevó a descuidar su apariencia. Acabó irritando a sus tíos y éstos le dieron a entender que ya llevaba demasiado tiempo en su casa. Harry se sentía derrotado;

volvió a su casa por sólo quince días y a continuación se fue a Londres con la renovada esperanza de encontrar algún trabajo. No cayó en la cuenta de que el hecho de no tener allí una dirección fija mermaba aún más sus probabilidades de éxito. Así vino a incrementar en la capital el número de los sin trabajo y sin hogar.

El aire alicaído y desmoralizado del Harry de ahora no se parecía en nada al de aquel animoso muchacho buen jugador de fútbol de sus años escolares, cuando le solían nombrar como un futbolista famoso de la época. En aquel tiempo sus éxitos deportivos contribuyeron a darle una identidad y a conferir un sentido a su vida, cosa que perdió con sus años de parado.

Como muestran los ejemplos de Beverley y de Harry, las circunstancias adversas exteriores pueden llegar a dificultar la identificación con la idea del trabajo y a provocar la pérdida de la autoestima y el empuje.

CAPÍTULO TERCERO

DEJAR EL DOMICILIO FAMILIAR

Empezar a trabajar lleva consigo muchas veces dejar el domicilio familiar. Dejarlo a esta edad no suele ser lo mismo que dejarlo a una edad más temprana, cuando casi siempre la marcha es prematura y suele deberse a que algo va mal en el hogar. Para el joven de 18-20 años, dejar el hogar de los padres suele ser señal de que se siente maduro y capaz de ser independiente.

Vivir con otros jóvenes

Algunos programas de formación, como por ejemplo el de la carrera de enfermería, incluyen facilidades para vivir en internados, pero la mayoría de los jóvenes que empiezan a trabajar lejos del domicilio familiar tienen que buscarse un nuevo alojamiento. Residir a diario con otros en una pensión, una residencia o cualquier otro tipo de lugar de convivencia puede servirnos (aunque no sea esa la intención), para descubrir nuestras facetas menos favorables. Chicas que trabajan suelen compartir un piso, y esa autonomía en la que se organizan les enseña y habitúa a llevar una casa.

El alejamiento del hogar familiar suele vivirse como un logro y una experiencia emocionante, pero la verdad es que no está desprovisto de problemas y angustias. Hemos de recordar que a esta edad —por sorprendente que esto le pueda parecer al joven— se lleva todavía dentro un niño que puede sufrir por la separación, aunque ésta se vea en la superficie como algo atractivo. Pero también los padres, como en el caso de Laura, pueden sufrir por la separación, y a veces durante más tiempo que los jóvenes.

Laura es una joven de diecinueve años. En la escuela había obtenido muy buenas notas en ciencias sociales y en economía doméstica, y ahora trabaja en unos grandes almacenes y tiene perspectivas de ascender en el departamento de compras. A menudo había criticado el modo que tenía su madre de llevar la casa, convencida de que ella podía hacerlo mejor. Se unió con entusiasmo a otras chicas para compartir un piso, y pronto se sorprendió al comprobar que surgían dificultades en sus relaciones con ellas. Le dieron permiso para que llevara su gato, pero esto provocó problemas. Un día Sally, una de las chicas, se sentó a tomarse una taza de té frente al televisor instantes antes de disponerse a acudir a una cita vestida con su elegante traje negro nuevo, y se puso furiosa al ver que la falda se había llenado de pelos del gato. Se volvió contra Laura, recriminándola porque aunque presumía de sus cualidades de ama de casa, la realidad era que no se podía convivir con ella: ni siquiera era capaz de limpiar las sillas que el gato dejaba llenas de pelos ni de lavarle el plato, con lo que todo el piso olía a comida de gato. Laura se sintió muy dolida y estuvo a punto de regresar a su casa. Sin embargo, el conflicto se fue resolviendo gradualmente y le sirvió para aprender la lección. Tuvo que reconocer que no era la superama de casa que había creído ser, y que allá, en algún sitio dentro de ella, había todavía una niña pequeña que creía que seguía teniendo a su mamá recogiendo las cosas detrás de ella.

El niño que hay dentro del adulto

El caso de Laura nos permite descubrir la síntesis/amalgama de elementos de niño y de adulto que coexisten en esta edad. El gato de suave pelaje que Laura se llevó con ella al dejar la casa de sus padres reemplaza al osito de peluche que fue su objeto preferido, aunque con elementos nuevos e importantes. Da la sensación de que Laura se está entrenando para cuidar de un ser vivo, tal vez como preparación para ser madre algún día, pero que le resulta todavía difícil asumir del todo las tareas menos atractivas que ello conlleva, como las de la limpieza. Esto último podrá venir con el tiempo.

En el deseo de Laura de dejar el domicilio familiar y hacerse independiente se enfrentan dos motivaciones distintas. La joven empezó a compartir el piso llena de entusiasmo. Pero cuando la compañera de piso la criticó, se sintió tan entristecida —según le confesó a su mejor amiga y compañera de trabajo— que incluso pensó en volver con sus padres. «Después de todo mi cuarto sigue allí y puedo volver a él si quiero.» Se dio cuenta de cuánto más fácil era su vida cuando era su madre la encargada de la limpieza, de la compra y de la cocina. No se trataba de que no pudiera limpiar, ya que de hecho lo sabía hacer muy bien, sino que resultaba irritante tener que ser ella la responsable de limpiar cada vez que el gato ensuciara algo.

Se comprueba que Laura se halla en conflicto entre su deseo de sentirse dueña de sí y de su carrera, y la vertiente infantil que permanece en ella que le dice que no se apresure y que se deje cuidar.

La reacción de la familia

Hay una gran diferencia entre dejar el domicilio familiar para convivir con compañeros en una residencia o en un piso compartido, y dejarla para vivir en pareja. Lo más probable es que los padres reaccionen de distinta manera en cada una de las dos situaciones.

Cuando Roy, el joven mecánico de quien se habló en el capítulo anterior, le dijo a sus padres que se iba a vivir a un estudio con Patsy, su novia, los padres se quedaron de una pieza. Él ya suponía cómo iban a reaccionar, puesto que la convivencia antes del matrimonio iba contra sus creencias religiosas. Ya habían sufrido una primera decepción cuando Roy, al empezar a trabajar a los dieciséis años, dejó de acompañarles a la iglesia. Durante un tiempo habían hecho la vista gorda cuando pasaba las noches fuera, aceptando sin protestar sus excusas de averías con la moto o incluso de que tenía que quedarse a dormir con un amigo para no conducir por haber bebido demasiado. Prefirieron evitar la confrontación y mantener la paz en la familia. El choque habría sido menor si los padres no se hubieran negado a ver lo evidente: que el joven pasaba horas pegado al teléfono hablando con voz cálida y que cuando salía por la noche lo hacía todo perfumado.

En Roy se daban motivaciones de joven ya maduro, pero había también en él elementos de fragilidad infantil que hacían que no aceptara fácilmente que le dijeran cómo tenía que comportarse. Esto último le hizo mostrarse demasiado agresivo con sus padres cuando llegó el momento de hablar de su marcha del hogar. Arguyó que él era económicamente independiente y que llevaba ya tiempo contribuyendo a los gastos de la casa. Aunque no se lo dijo a los padres, él y Patsy habían hecho ya planes de tener hijos más adelante y no descartaban la idea de casarse. Roy se veía a sí mismo como un adulto con todos los derechos, y veía en los argumentos y las angustias de sus padres un deseo intencionado de manipularle. Volveré más adelante a hablar de las malas relaciones de Roy con sus padres.

CAPÍTULO CUARTO

IR O NO A LA UNIVERSIDAD

Las decisiones de los jóvenes de seguir o no estudiando una vez terminada la escuela tienen también repercusiones en la familia. Ese tipo de decisiones puede estar de acuerdo con las expectativas de los padres o puede representar un cambio de la tradición familiar. En Roy hemos visto un ejemplo de alguien que decide dejar la escuela a los dieciséis años y apuntarse a clases nocturnas de mecánica, cosa que estaba de acuerdo con la línea familiar. El joven que se aparta de las espectativas de la familia puede provocar diversas reacciones en los padres. A veces se desencadenan sentimientos que no se calman sino a fuerza de tiempo y paciencia.

Esperanzas y decepciones de la familia

Influida por sus padres, Jenny había planeado durante un tiempo estudiar una carrera universitaria, así, cuando después de terminar el bachillerato y aprobar el examen de selectividad decidió no ir a la universidad sino estudiar en la escuela de comercio, sus padres sufrieron una decepción. Tanto el padre como la madre se dedicaban a la enseñanza, en distintas disciplinas, y estaban seguros de que Jenny echaría un día de menos la experiencia de pasar por la universidad. En la reunión familiar de Navidad, que se hizo en la casa de los padres de Jenny, se habló mucho de la «tradición familiar». Estaban allí la tía Gladys, su marido (el tío Jack) y algunos de sus hijos. Dos de éstos estaban ya en la universidad y no había ninguna duda de que el más pequeño, Alex, entraría pronto en ella. Se habló mucho también de las diversas opciones que había y de la tramitación de las solicitudes. La tía Gladys hizo que Jenny y sus padres se sintieran incómodos sacando de nuevo a la luz que Jenny era la excepción en la familia. Los padres apoyaron a su hija haciendo notar lo bien que estaba en la escuela de secretariado, aunque luego más tarde se dijeran en confianza el uno al otro que se sentían algo decepcionados. Este sentimiento tenía mucho que ver con la insistencia de la tía Gladys en la quiebra de la tradición familiar. Todos los presentes en aquella reunión de Navidad tenían un título universitario, o esperaban obtener uno, excepto Jenny. Pero al cabo de algún tiempo los padres se dieron cuenta de que Jenny había tenido razón y que había elegido los estudios que le convenían. Por su parte, Jenny se sintió mucho mejor cuando comprobó que los padres comprendían su necesidad de decidir por sí misma.

Encontrar su propio camino

Hay veces en las que conviene tantear y cometer errores antes de dar con el camino. Algunos jóvenes encuentran difícil elegir y resuelven la cuestión siguiendo los pasos de sus padres, hasta que la experiencia les enseña a decidir por sí mismos. Jenny supo desde el principio dónde quería llegar, y los padres acabaron comprendiendo que su decisión fue la que le convenía. Mary, que maduró más despacio, se conformó al principio con seguir la pauta familiar y sólo más tarde descubrió cuál era su verdadera inclinación, y, entonces, sus padres la apoyaron.

Mary se tomó un año libre antes de empezar en la universidad. Ese tiempo lo pasó trabajando para una organización de ayuda a la educación infantil de un país del Tercer Mundo. Estando allá escribió a sus padres comunicándoles que estaba empezando a cambiar de ideas con respecto a sus estudios. Al principio había escogido filología inglesa, no porque le interesara especialmente, sino porque era la carrera de su madre. También solicitó plaza en el mismo colegio universitario en el que había estudiado ésta. Pero ahora, tras su experiencia en el extranjero en contacto con niños desfavorecidos, sus sentimientos se removieron, cambiaron sus intereses, y se orientó hacia los estudios sociales y políticos. A diferencia de Jenny, Mary siguió la tradición familiar de ir a la universidad. Pero su experiencia en otros lugares del mundo estimuló su maduración y le hizo dar a sus estudios un giro diferente del previamente planeado. Ya no se trataba de ir a la universidad meramente por seguir los pasos de los suyos, sino que ahora entraban en juego intereses intelectuales y las emociones que la experiencia le había aportado.

Sin embargo, la vida universitaria de Mary no fue fácil al principio. En la escuela había ido muy bien pero ahora tenía dificultad para moverse en un ambiente universitario de ideas nuevas y conflictivas y para plasmar sus argumentos filosóficos y políticos. Pero más importante aún que las exigencias intelectuales era el estado emocional en el que la tenía sumida su despertar a los problemas sociales y políticos causado por su experiencia en el Tercer Mundo. Estaba dejando de seguir los pasos de su madre y tratando de encontrar su propio camino, cosa nada fácil. Aunque en ocasiones se sentía muy insegura, algo le decía en su interior que iba por el buen camino para llegar a ser ella misma. Tuvo la suerte de que sus padres la apoyaron siempre. En realidad, al principio les había preocupado un poco que Mary eligiera los mismos estudios y el mismo colegio universitario que la madre, porque pensaron que eso podía ser indicio de que la joven no estaba haciendo una elección personal sino simplemente siguiendo un camino ya trazado.

Dejar la casa pero seguir unido a la familia

La familia de Konstantinos llevaba algún tiempo viviendo en el Reino Unido. Los padres llegaron de niños y se conocieron porque todas las familias originarias de ese mismo país formaban una comunidad muy unida. Habían logrado poner una tienda y en ella llevaban trabajando muchos años. Estaban orgullosos de lo que habían conseguido y esperaban que Konstantinos continuara el negocio familiar, pero siempre le dejaron en libertad de decidir por sí mismo sobre su futuro.

A Konstantinos le gustó la escuela y desde muy temprana edad se despertó en él el interés por la ciencia en general y por la medicina en particular. Un primo suyo padecía una enfermedad grave que era frecuente en el país de origen. Konstantinos solía acompañar al primo y a la madre a las visitas al hospital. No tenía más de doce o trece años cuando declaró por primera vez que quería ser médico. El chico creció y mantuvo su idea, con la total aprobación de los padres. Éstos mantenían frecuentes conversaciones con los vecinos, también originarios del mismo país y, si hablaban de Konstantinos, se referían a él como «nuestro hijo, el doctor» con un cierto deje de ostentación. Sin embargo, Konstantinos nunca tuvo la impresión de que sus padres apoyaran su idea de ir a la universidad por pavonearse de él. Y lo que es aún más importante, no le parecía que sus padres le fueran a envidiar si alcanzaba una posición social más elevada que la de ellos. Cuando tenía dieciocho años y acababa de empezar los estudios de medicina, tenía ya decidido que haría una especialidad que tuviera relación con el tratamiento de enfermedades como la de su primo. Para poder ir a la universidad Konstantinos tuvo que dejar su ciudad, pero volvía a casa todos los fines de semana y al volver llevaba consigo algún plato de cocina típico hecho por su madre. Al decidir estudiar en otra ciudad no cortó en absoluto con sus padres ni con su cultura. Sabía que sus padres deseaban lo mejor para él y que le apoyaban. Sin embargo, el problema con los padres surgió más tarde, cuando llegó el momento de elegir pareja, como veremos luego.

Renunciar a ciertos sueños

Los jóvenes pueden encontrar dificultades inesperadas para estudiar viviendo fuera de la casa familiar. En el capítulo séptimo veremos cómo el abuso de las drogas casi dio al traste con los estudios de Ann. El caso de Duncan es un ejemplo de un joven que tiene que renunciar a su plaza en una prestigiosa universidad porque no puede superar la sensación de hallarse perdido que le embarga desde el primer día.

Duncan nació en Escocia de padres muy jóvenes, todavía estudiantes. Era aún muy pequeño cuando sus padres se fueron tres años a Estados Unidos para completar sus estudios. Duncan, entonces hijo único, se quedó viviendo con los abuelos maternos en una isla de la costa escocesa. Los padres no podían ir a verle sino muy de tarde en tarde. Cuando los padres regresaron definitivamente y el niño volvió a vivir con ellos, no parecían darse cuenta de cuánto les había echado de menos, ni tampoco de cuánto echaba ahora de menos a los abuelos. Poco después del retorno a Escocia los padres tuvieron dos hijas. Los tres niños obtenían muy buenas notas en la escuela. El desconcierto que sufrió Duncan a causa de esos grandes cambios en su vida no repercutió en sus resultados escolares, que siempre fueron muy buenos. Cuando su vida se estabilizó, las notas escolares se hicieron extraordinariamente buenas. Los padres y los maestros, orgullosos de él, le animaron a solicitar plaza en una de las universidades de mayor prestigio. Una vez obtenida la plaza, se tomó un año libre antes de empezar los estudios, pero no lo utilizó para correr aventuras como otros compañeros. Continuó viviendo en casa de sus padres y empleó el tiempo en trabajar, sin implicarse demasiado en ello, con una organización de defensa de los derechos humanos en la misma ciudad donde vivía.

Cuando empezó su año académico, Duncan se marchó entusiasmado a ocupar su plaza en la universidad. Sin embargo, pronto se hizo evidente que le costaba adaptarse a la vida en el colegio mayor, lejos de su casa. Uno de sus compañeros se burló un poco de él al saber que hasta entonces siempre había pasado las vacaciones con sus padres. En la universidad trabajó con resultados menos buenos de lo que cabía esperar teniendo en cuenta sus antecedentes en la escuela. Apenas habían transcurrido ocho semanas del primer curso cuando volvió a casa a pasar un fin de semana. Confesó entonces a sus padres que no se sentía en absoluto feliz en la universidad. Los padres estaban sorprendidos y consternados de que no fuera capaz de disfrutar de lo que se suponía era una oportunidad tan maravillosa.

En la siguiente visita a casa, por Navidad, Duncan fue más explícito y contó lo mal que realmente se sentía, pero no fue hasta una semana antes de la fecha del comienzo del segundo semestre cuando se decidió a decirles a los padres que no se sentía con fuerzas para volver a la universidad. Los padres, que admiraban a Duncan y tenían fe en sus capacidades, no podían comprender que ese hijo de diecinueve años, que había ido siempre tan maravillosamente bien en la escuela, pudiera sentirse angustiado por vivir en una ciudad que en definitiva no estaba más que a seis horas de tren de la suya. Estaban seguros de que con sólo infundirle un poco de ánimo se decidiría a volver a la universidad, y escribieron al tutor para que le conservara la plaza. En los meses siguientes Duncan tuvo que soportar presiones en casa para que regresara a la universidad y se sintió cada vez más anonadado. Se volvió solitario y retraído.

En Semana Santa la familia hizo una visita a los abuelos y allí, viendo las fotos de la época en que había estado viviendo con ellos, Duncan se echó a llorar. Fue entonces cuando los padres se dieron cuenta por primera vez de lo dolorosas que habían sido para el niño las separaciones, primero de los padres y luego de los abuelos, y se dieron cuenta también de que era ésa la razón por la que le resultaba ahora tan difícil marcharse otra vez de la casa paterna. El problema no estaba en la distancia física entre las dos ciudades, sino en el hecho mismo de dejar la casa, que le traía a la memoria sus separaciones de niño, primero de la casa de los padres y después de la casa de los abuelos. Ahora la familia veía claramente lo que los alejamientos habían representado para Duncan y compartió sus sentimientos con él. Parecía como si esta familia hubiera estado utilizando la excusa del éxito para encubrir los dolorosos sentimientos de la separación.

Los padres acabaron aceptando que Duncan no terminara aquel año académico y que el siguiente estudiara en la universidad de la ciudad donde vivían. A Duncan le alivió muchísimo el verse comprendido, recobró ánimos y se volvió más sociable. Era indudable que el suyo no era un problema académico. En la universidad local llevó sus estudios extraordinariamente bien; en ningún momento le acometió el menor deseo de dejarlos, y se licenció normalmente. Como los padres eran ahora más conscientes de sus propios sentimientos, comprendieron también mejor la resistencia del hijo a la separación, y no hicieron nada por incitarle a dejar la casa durante su asistencia a la universidad.

Los padres de Konstantinos tuvieron que renunciar a cualquier esperanza que hubieran podido tener de que el hijo siguiera con el negocio que ellos habían levantado, pero estaban felices y orgullosos de él. Los padres de Duncan tuvieron que abandonar el ambicioso sueño de que su hijo estudiara en una universidad de tanto prestigio y ser comprensivos con sus dificultades emocionales debidas, al menos en parte, al trauma de las separaciones de los primeros años.

CAPÍTULO QUINTO

AMOR, SEXO Y VIDA EN PAREJA

La vida en grupo es muy importante para el joven, pero, a medida que nos aproximamos a la edad de los veinte años, deja de ocupar un lugar tan preponderante. Jóvenes que han vivido juntos las peripecias de un grupo acaban separándose de éste y formando parejas más íntimas. Los emparejamientos de este período constituyen la transición del tiempo en que se vivía predominantemente en grupo al de la vida adulta en la que se vive más independientemente.

Pueden producirse emparejamientos de prueba, a veces dentro del mismo grupo, antes de que se establezcan relaciones más estables. La relación de pareja, aunque no dure indefinidamente, sirve al menos para desarrollar la capacidad de relacionarse en profundidad.

Hoy en día son ya muchos los padres que aceptan que los jóvenes pueden tener necesidad de experimentar algunas relaciones antes de encontrar la pareja que les conviene. Muchos jóvenes no experimentan el amor profundo y el emparejamiento durable hasta después de los veinte. Algunos progenitores, como los antes mencionados padres de Roy, creen que no se debe practicar el sexo antes del matrimonio.

Los jóvenes siempre ven a sus padres de una determinada manera. Pueden considerarlos dignos de amor y de admiración, o pueden verlos como no tan dignos e incluso como detestables. Esas imágenes de los padres influyen en la elección de la pareja. Hay padres que se sienten ofendidos cuando el hijo busca una pareja que tiene un concepto de la vida muy diferente del de ellos. Roy no quiso ofender a sus padres cuando decidió irse a vivir con Patsy, pero el hecho es que su divergencia de opiniones respecto a la licitud de practicar el sexo antes del matrimonio complicó sus relaciones con ellos.

Promiscuidad

Los encuentros ocasionales acompañados de experiencias sexuales breves no pueden llegar a definirse como relaciones de pareja. Esos actos promiscuos pueden significar que se quieren evitar el dolor de un posible fracaso y el de la pérdida que podrían producirse si la relación sentimental se hiciera más profunda. Ese miedo al compromiso se prolonga luego a veces a lo largo de los años. En los casos en los que a juicio de los padres la promiscuidad de los hijos llega a constituirse en un problema, puede ser muy útil hablar con los hijos y transmitirles nuestra preocupación, pero sin juzgarles con dureza.

Una relación que caló más hondo

A esta edad los jóvenes están ya entrando en la edad adulta, lo que a veces conlleva ideas de paternidad o maternidad. A medida que una relación de pareja se va consolidando es posible que se vaya desarrollando el deseo de ser padre o madre, aunque también es cierto que hay parejas en las que tal deseo no se da. El problema se produce cuando los dos miembros de la pareja no comparten el mismo ideal. Si la divergencia de opiniones se manifiesta desde el principio, la relación no llega a consolidarse.

Cuando se acercaba a la veintena, Judith tuvo relaciones con varios jóvenes de un grupo muy aficionado a la política. Al cumplir los veinte se enamoró profundamente de Daniel, un compañero estudiante de sociología. Un fin de semana que los padres fueron a verla a la universidad, les preguntó si les parecería bien que llevara a Daniel a comer con ellos a casa. Los padres aceptaron gustosos y evitaron hacer preguntar indiscretas y dar así la sensación de que sospechaban que se tratara de una relación bien establecida. Judith y Daniel pasaron juntos las vacaciones de verano viajando por Europa y visitaron a una parte de la familia de Daniel que vivía en Francia. Ambos miembros de la pareja se sentían lo suficientemente a gusto el uno con el otro como para presentar al otro a su familia. Al cabo de aproximadamente un año de relación estable, Judith vivía la relación con verdadera pasión. Quería que tomaran una casa y se establecieran juntos de modo permanente. A Daniel ese compromiso le daba miedo, y por eso solicitó ampliar estudios en el extranjero y dio muestras claras de querer zafarse de la relación con Judith. Judith se quedó deshecha. Habló con sus amigas y también llamó por teléfono, llorando, a su madre, quien le pidió que fuera unos días a casa.

La madre de Judith vio claramente que su hija, con veinte años, necesitaba en ese momento que la cuidaran como a una niña. Judith agradeció mucho que sus padres se ocuparan de ella de esa manera. La experiencia de verse acogida con amor pero sin invasión de sus sentimientos la ayudó a recobrar la confianza en sí misma, a sentir que algo de bueno y meritorio habría en ella. Se sintió más «entera», no tan «destrozada» como antes.

La relación entre Judith y Daniel había evolucionado, y de una manera natural hacían el amor juntos. En sentido literal «hacer el amor» está estrechamente relacionado con amar, y Judith extendió la idea de amar al panorama de la vida en pareja y de la formación de una familia. Pero Daniel no estaba dispuesto a comprometerse hasta ese punto.

Roy tenía mucho partido entre las chicas y mantuvo relaciones sexuales con varias antes de conocer a Patsy. Aunque estaba convencido de que las creencias religiosas de sus padres eran exageradas y él ya no iba a la iglesia, seguía dando al concepto de familia un valor importante. Su deseo de compartir un hogar con Patsy se basaba en la consideración de que su relación con ella era un compromiso firme, que probablemente acabaría en matrimonio, cosa que sin duda sería muy bien recibida por su familia. Mientras Daniel no estaba preparado para contemplar la idea de tener un hijo, Roy y Patsy pasaban gran parte de su tiempo hablando con placer de cuando llegara el momento oportuno de formar una familia, y ambos se sintieron felices cuando al poco de montar la casa Patsy se quedó embarazada.

Homosexualidad y prejuicio

La atracción entre personas del mismo sexo se da con mucha frecuencia durante los primeros años de la adolescencia, y a través de esa atracción cada uno perfecciona el conocimiento de los aspectos masculino y femenino que coexisten simultáneamente en cada personalidad. Cuando se alcanzan los 18 y los 20 años se ha adquirido ya un conocimiento más firme de la propia sexualidad. Muchas de las ansiedades que experimentan los jóvenes gays y las jóvenes lesbianas son consecuencia de la *homofobia* (aversión a la homosexualidad) que siente la mayor parte de la población heterosexual y de la consiguiente discriminación a que esa sociedad les somete.

Roy escandalizó a sus padres cuando les dijo que se iba a vivir con su novia sin casarse, y les defraudó abandonando sus creencias religiosas, pero él mismo no estaba libre de prejuicios y también podía escandalizarse. Tenía creencias muy tajantes acerca de la identidad sexual. Cuando John, uno de sus amigos de la escuela que trabajaba en otra parte del país, fue a visitarles a él y a Patsy en su nuevo piso, les dijo que él también tenía una nueva casa y mencionó que su pareja era otro hombre. Les dijo que había descubierto su homosexualidad después de la última vez que se había visto con Roy; que sus padres al principio se rebelaron contra la idea pero que acabaron aceptándola. Roy estaba escandalizado, y John se sintió herido al verlo. No dijo nada pero su sentimiento era bien patente. Patsy observó que Roy no aprovechó la oportunidad de la visita de John para pedirle, como habían planeado, que fuera su padrino de boda.

Cuando John se marchó, Patsy y Roy hablaron del asunto. Patsy no veía nada malo en que John fuera homosexual y se quedó asombrada al ver la postura inflexible de Roy que no podía soportar que el padrino de su boda fuera gay. Discutieron acaloradamente. Patsy trató de convencer a Roy para que cambiara de idea recordándole que anteriormente le había dicho que John podía hacer un bonito discurso en la boda porque se expresaba muy bien, era capaz de decir cosas muy graciosas y recordaría anécdotas de la infancia. Roy no aceptó el argumento y respondió que no tendría ninguna dificultad en encontrar un padrino mejor. Entonces Patsy le dijo, con una pizca de ironía, que a lo mejor temía que John pudiera traer a cuento demasiados recuerdos de la infancia. Se estaba refiriendo a ciertas confidencias que Roy le había contado sobre los primeros años en la escuela secundaria, cuando había tomado parte, junto con muchos otros chicos de la misma edad, en juegos sexuales y exploraciones mutuas con otros chicos, incluido John.

A pesar de estar dolida por el trato dado a John, Patsy removió la memoria y en los sentimientos de Roy con el suficiente humor para que éste no se sintiera cogido. A partir de entonces Roy pudo pensar con más ecuanimidad y más distanciamiento en John y en sus propias experiencias homosexuales. Gracias a Patsy, acabaron pidiéndole a John que apadrinara su boda.

Volviendo al comentario de John sobre la dificultad de sus padres para adaptarse a la idea cuando él les reveló su homosexualidad, es posible que en la actitud de éstos interviniera el importante factor de que John era hijo único y que los padres lamentaran el hecho de que no iban a tener nietos. Eso, más que la homofobia, fue probablemente la causa de su rechazo inicial.

CAPÍTULO SEXTO

EMPLEO DEL TIEMPO LIBRE

Ocio significa que uno decide sobre la actividad que quiere hacer, o elige no hacer ninguna. Los jóvenes interpretan esa libertad de modos muy diversos. La mayoría, estudien o trabajen, ven una división natural entre las actividades de la semana y las del fin de semana. Parte del problema asociado al desempleo está en que se borra esa división natural.

En diversas partes de este libro tratamos de los pasos que los jóvenes van dando para ir aclarando su identidad. Ahora vamos a considerar esto mismo pero ciñéndonos al tiempo de ocio. Dicho de modo esquemático, las maneras de pasar el tiempo libre van del uno al otro de estos dos extremos: por una parte están las actividades que potencian la construcción de la personalidad, y por la otra, las que la desintegran. Del segundo tipo de actividades trataremos en el siguiente capítulo. En el presente capítulo veremos cómo las actividades de ocio pueden influir favorablemente en el desarrollo y pueden servir para fomentar la admiración en vez de la envidia.

Actividades de ocio educativas que ayudan a madurar

El padre de Tony sabe hacer y componer toda clase de cosas. Su hobby principal es la ebanistería, pero también disfruta reparando cualquier otra cosa en la casa. Cuando Tony tenía alrededor de quince años era un adolescente rebelde muy dado a criticar las aficiones del padre. «¡Qué manera de pasar los fines de semana, papá!», decía a menudo. «¿Para qué quieres reparar esa mesa de té vieja? Compra una nueva. No estamos tan arruinados.» Incluso le daba al padre consejos paternales, sugiriendo que había mejores cosas que hacer que arreglar trastos en la casa. «Seguro que a mamá le gustaría ir un fin de semana a la playa.» Con esa actitud presuntuosa había olvidado que a su madre no le atraía lo más mínimo la playa, y no se daba cuenta de que a ella le gustaban las cosas que hacía su marido y de que era feliz sabiendo que él disfrutaba haciéndolas. Pero está claro que en aquella época Tony estaba convencido de que sería mejor marido que su padre.

Pero un cambio gradual fue operándose en Tony. Un pequeño episodio ilustra cómo cambió su percepción del talento del padre. Una tarde que Maureen, la novia de Tony, estaba con ellos en la casa salió en la conversación que se le había roto el broche de un collar que había pertenecido a su abuela, y que por ser antiguo iba a resultar difícil y muy cara su reparación. El padre de Tony dijo que él podría repararlo y, efectivamente, probando con sus herramientas se las arregló para reponer el muelle del broche en su sitio.

En los consejos paternales que Tony acostumbraba a darle a su padre acerca de cómo comportarse y ser mejor marido se puede detectar no solamente rivalidad sino también envidia. El joven Tony encontraba difícil reconocer que su padre tenía habilidades de las que él carecía. El resentimiento le paralizaba y le imposibilitaba desarrollar esas habilidades. Uno puede aprender de otro solamente cuando el sentimiento de admiración predomina sobre el de la envidia. Cuando el padre arregló el broche del collar de Maureen, entonces sí sintió Tony admiración por él. Poco después tuvo un problema con su estéreo. En vez de llevarlo al taller de reparación, se sorprendió de oírse a sí mismo preguntarle al padre si querría enseñarle a repararlo. Así descubrió que él también podía aprender a reparar cosas. Años atrás fue batería en una banda de amigos. Sus sesiones de prácticas en la casa llevaban hasta el límite la paciencia de los padres. A veces parecía que más que tocar lo que le gustaba era hacer todo el ruido posible para provocar. En la banda su papel había sido marginal, pero cuando sus amigos se enteraron de su habilidad para hacer y reparar cosas le encargaron con frecuencia revisar fallos técnicos de los equipos, y así se implicó más que antes en la banda. Andar con los cables y los altavoces, que empezó como una mera distracción, terminó convirtiéndose en una agradable actividad de ocio.

Se puede decir que Tony entró en un proceso de identificación con su padre. Ahora ya podía admirar sus cualidades en vez de denigrarlas. La admiración prevaleció sobre la envidia. Fue el principio de un proceso favorable de desarrollo. Mientras avanzaba en el proceso de conocerse a sí mismo, se acrecentaba su capacidad de disfrute del tiempo libre. Dejó de ser un adolescente rebelde y se hizo más adulto.

Ocio sobre ruedas

En muchos jóvenes el paso de la bicicleta a la moto o incluso al coche hace que cambie radicalmente el empleo del tiempo libre. Roy empezó a ahorrar para comprarse la moto desde el momento en que terminó la escuela. Algunos de sus trabajos de reparación los hacía a domicilio, por lo que al principio utilizó la bicicleta no solamente para los ratos libres sino también para el trabajo. Muchos jóvenes ven en el coche y en la moto un símbolo de fuerza y de rango social, sobre todo los que adquieren la moto o el coche por primera vez, como era el caso de algunos de los conocidos de Roy. Para éste, aunque indudablemente el día que adquirió su moto fue muy señalado, no era necesario ese acontecimiento exterior para construir una confianza en sí mismo y en su propia masculinidad ya afianzada.

Para Luke la situación era distinta. Desde que tuvo la edad legal de conducir una moto, e incluso antes, empezó a pedirle prestada la moto a su hermano mayor. El soporte externo de la moto, lleno de fuerza, era lo único que le hacía sentir autoconfianza. De hecho, hasta que no se convirtió en el orgulloso conductor de su propia moto no se atrevió a pedirle a una chica que saliera con él. A los diecinueve años solía ir regularmente al pub a jugar al billar y a charlar con Gloria, la chica de la barra, que era joven, bonita y muy solicitada por todos los amigos. La chica sabía que Luke tenía moto y un día, para provocarle, le dijo que cuando tuviera coche podría pasar a recogerla a la hora de cerrar, ya que no estaba dispuesta a ponerse un casco y a helarse de frío en una moto. Luke le tomó la palabra y, con buenos modales, le preguntó a su padre si podría coger el coche un sábado por la noche. El padre le respondió con tono firme que el seguro del coche no le cubría y que por lo tanto tendría que contentarse con su moto. Luke se enfadó y se puso impertinente, diciendo que él le daría el dinero para que extendiera el seguro a su nombre (en realidad bastaba con una llamada telefónica del padre). Dijo también que ellos nunca salían con el coche de noche, lo que no era del todo cierto. Lo que acabó de irritar al padre y hacer que perdiera los nervios fue que Luke le estaba diciendo implícitamente que tenía más derecho que sus padres a salir a divertirse una noche de sábado. No es infrecuente que los jóvenes de esta edad insinúen implícitamente a los padres que ya han pasado la edad de practicar el sexo y que deben dejarles el campo libre a los hijos. Ante ese tipo de provocación los padres suelen encontrar dificultades para hacer un esfuerzo de comprensión y reaccionar sin infligir un castigo.

En el tipo de altercado como el que sostuvo Luke con su padre existe el riesgo de que las cosas vayan a más y de que se produzca un resentimiento por ambas partes que haga imposible el retorno a unas relaciones normales. La solución no está en que, para evitar una confrontación mayor, los padres cedan a la presión de los hijos. Por otra parte, el mismo calor de la discusión puede hacer muy difícil el distanciamiento y no responder agresivamente a las provocaciones. Los padres tienen que esforzarse en ser convincentes, primero ante ellos mismos y luego ante su hijo o hija, y dejar claro que el derecho al ocio y al placer no es exclusivo de su generación.

Luke insistió compulsivamente en querer usar el coche porque a sus ojos lo necesitaba para expresar su masculinidad, lo cual indica que su autoestima era baja. A diferencia de Tony, Luke no era capaz de identificarse con la imagen del padre y admirarlo, sino que se encontraba atrapado en una relación de competencia con él. Luke no sabía gozar sino apoyado en una fuerza externa, en contraste con Tony, que fue capaz de aprender de un padre al que admiraba.

Ocio y construcción de la personalidad

Alison tenía dieciocho años. Los padres eran muy aficionados al montañismo y, desde muy niña, la habían llevado, junto a su hermano y su hermana, por valles y montañas, y a ella le había gustado todo aquello. En esas excursiones solían recorrer sendas interesantes que ni siquiera figuraban en el mapa. Alison se aficionó a la naturaleza y eligió botánica como una de las asignaturas del bachillerato.[1] Después se apuntó a un club de senderismo. Aunque era evidente que disfru-

---

1. Es una opción posible en el sistema escolar inglés. (*N. del t.*)

taba mucho del tiempo libre y que le encantaba el contacto con la naturaleza, había sin embargo una cierta duda en su mente que a menudo le impedía disfrutar plenamente de sus sensaciones. A veces se preguntaba: «¿no estaré haciendo esto para reproducir exactamente los pasos de mis padres?». Para averiguar si esas actividades a las que estaba dedicando casi todo su tiempo libre le gustaban realmente, quiso someterse a una prueba más dura apuntándose a un club de montañismo. Junto con su novio hizo escaladas de alto riesgo los fines de semana en Escocia y Gales.

Ese período de temeridad no duró mucho pero sirvió para acabar de convencerla de que su gusto por las actividades en plena naturaleza era genuino, y de que no estaba simplemente imitando las aficiones de los padres ni menos aún rivalizando con ellos en secreto tratando de superar sus hazañas. Cuando estaba próxima a la veintena ya había salido de dudas. El amor por la naturaleza y el espíritu de aventura formaban verdaderamente parte de su carácter. Combinó su afición a la naturaleza con muchos otros intereses, y así gozaba en actividades tales como tomar parte en excursiones para promover la causa de la conservación de la naturaleza.

CAPÍTULO SÉPTIMO

ACTIVIDADES ANTISOCIALES

La transición de la niñez a la edad adulta no suele ser un camino recto. Es el tiempo en el que se va desarrollando el carácter propio de cada persona y puede incluir períodos de mucha confusión en la apreciación de lo que es correcto o incorrecto, de lo que está bien o está mal. Muchos adolescentes y jóvenes, sobre todo entre los catorce y los diecisiete años, prueban con drogas, con alcohol y con rebeldías y pequeños delitos. Como ya he dicho en una ocasión anterior, lo corriente es que entre los dieciocho y los veinte años los jóvenes empiecen a abandonar el grupo, a dejar la vida de grupo. Pero en ciertos casos el grupo se mantiene sólido y se convierte en una banda antisocial, y en ocasiones ocurre que los jóvenes establecen formas de compañerismo o alianzas que les llevan por caminos peligrosos.

En este capítulo me voy a ocupar de los jóvenes que acometen actividades que pueden tener consecuencias muy serias. Afortunadamente no todos los adolescentes causan a sus padres tanta ansiedad. Cuando Luke le pidió a su padre que le dejara el coche para salir con Gloria fue porque se sentía con algún derecho sobre la propiedad temporal del coche. Aunque empleó modales arrogantes y desagradables, al menos no se lo llevó sin pedirlo. Una actitud muy diferente es la que lleva a coger alegremente un coche sin permiso y abandonarlo después, a veces averiado o dañado, cuando no tras otras acciones más serias. A los jóvenes les fascina emborracharse con la velocidad y experimentar la fuerza de un adulto, aunque sea robada. Esas diversiones pueden traer pésimas consecuecias. Son los adolescentes los más aficionados a substraer coches por el placer de darse una vuelta con ellos, aunque algunos jóvenes de más edad pueden seguir haciéndolo.

Ambientes poco educativos y conducta delictiva

Gary era el cuarto chico en la familia. Cuando tenía dos años nació un nuevo hermano. Tras el parto, la madre estuvo deprimida y se ocupó poco de Gary. Gary desarrolló un resentimiento hacia los padres que no cedió con los años. Su falta de confianza en ellos hizo que tampoco desarrollara una buena relación con los maestros. Sus actos delictivos empezaron ya antes de que robara coches. Todo lo que fuera un desafío a la autoridad le atraía. A los once años, por ejemplo, fumaba en los retretes de la escuela. Para comprar cigarrillos, y más tarde droga, solía hurtar dinero del billetero a la madre y a sus hermanos mayores, algunos de los cuales trabajaban. Como no había ninguna comunicación entre la familia y la escuela, no se pudo sacar ningún partido de las señales de alarma que se producían, y Gary fue cayendo en espiral.

Para cuando Gary terminó la escuela estaba viviendo ya en un mundo de delincuencia y había pasado de fumar cannabis a probar drogas duras. A los dieciocho años fue detenido con otro joven de la misma banda cuando ponían en marcha un coche que habían robado. Le juzgaron, le pusieron en libertad vigilada y le asignaron un *«probation officer»*[1] inteligente y conocedor del estado de desamparo afectivo en el que el joven había caído. Este agente logró contactar emocionalmente con el joven y entrar en su problema de uso y abuso de drogas duras. Sabiendo que Gary no dejaría de robar si no dejaba las drogas, consiguió que se decidiera a pedir ayuda y le ayudó a tramitar su ingreso en un centro de tratamiento.

Las drogas y el alcohol: una falsa solución

Decidir por uno mismo qué es lo que hay que considerar bueno o malo (especialmente cuando ya no se es un niño y no se dan ya por buenas todas las opiniones de los pa-

---

1. *«Probation officer»*, en inglés. Categoría especial de personal de justicia que no es un policía ni tampoco un asistente social, que se mantiene en contacto con la persona que le es asignada en libertad vigilada, la vigila discretamente y también la ayuda a resolver dificultades para evitar que delinca de nuevo y para facilitar su rehabilitación. *(N. del t.)*

dres) es parte importante del proceso de crecimiento. Contribuye a construir la identidad. El proceso puede ser doloroso y por eso a veces el sujeto echa mano del alcohol y de las drogas para esconder las dificultades. Las drogas proporcionan alivio temporal a la ansiedad y dan al mismo tiempo placer. Las drogas blandas tales como el cannabis pueden tener un efecto parecido al del alcohol. La intoxicación con alcohol y el «colocón» con droga pueden sentirse como algo placentero mientras dura, pero su uso prolongado y compulsivo inhibe el desarrollo de la persona.

Son bien conocidos los efectos nocivos de drogas como el LSD y la heroína. Los jóvenes pueden no estar al tanto de lo peligroso que es el LSD. Un mal «trip» puede provocar una terrible sensación de desintegración y de locura. Para salir de la adicción al LSD puede ser necesaria la ayuda profesional, como ocurrió con Gary, y como luego veremos también con el caso de Ann.

En todas las actividades antisociales, la presión del grupo empuja al sujeto a huir de las dificultades que se presentan en vez de hacerles frente, y eso dificulta el proceso de construcción de la personalidad.

En algunos círculos de estudiantes, el abuso de drogas forma parte de un cierto estilo de vida. A veces acompaña al ritual universitario de relajación mental con que se celebra el final de un período de estudio —sobre todo después de haber estado «empollando» para los exámenes.

Ann fue a la universidad y empezó pasando la mayor parte del tiempo con un grupo en el que se bebía considerablemente y en el que se consumían drogas. Muchos fines de semana, especialmente después de un examen, ella y sus amigos pasaban día y noche inmersos en un estado en el que alternaban la resaca con una nueva borrachera, junto con el abuso de las que algunos podrían llamar «drogas festivas» («*party going drugs*») como «*speed*» y *éxtasis*. En esas reuniones el objetivo era «colocarse», olvidarse del duro esfuerzo de estudiar y tomarse unas vacaciones no solamente del trabajo sino incluso de cualquier actitud reflexiva.

A pesar de que la universidad estaba bastante cerca de su ciudad, Ann iba muy pocos fines de semana a casa de sus padres y, al telefonearles, les comentó en varias ocasiones que iba a ir de fin de semana con chicos distintos. Se comprende que los padres se quedaran bastante preocupados. Ann no reaccionó nada bien que sus padres no aprobaran esa conducta, y por algún tiempo no volvió a casa, ni siquiera en período de vacaciones. Ann rompió con las normas y durante ese tiempo no paró. Además de sus fugaces relaciones sexuales y sus experiencias con drogas estaba su dificultad de recapacitar y decidir la clase de persona quería ser y qué era lo que quería hacer en la vida. Los estudios los llevaba regular, se sentía cada vez más insegura y pensó en abandonar. La idea de dejar la vida universitaria formaba parte de una actitud de ataque a los padres y a sus valores. Cayó en un estado de gran miseria moral porque en el fondo de su corazón se daba cuenta de que había hecho pedazos la buena relación que había tenido con sus padres. Se sintió extraordinariamente angustiada y confusa. Estaba atrapada en un círculo vicioso a causa de su dependencia del alcohol y de las drogas, que, por supuesto, no le servían de alivio más que temporalmente. Cuando pensó en dejar los estudios habló con su tutor y éste le recomendó encarecidamente que hablara con el *university counsellor*.[2]

El conflicto de Ann estaba en relación con la lucha que había entablado consigo misma y con los valores que le habían transmitido, por lo que le fue útil hablar con alguien totalmente ajeno a su círculo familiar y a su grupo de amigos. Las sesiones con el *university counsellor* ayudaron a Ann a meditar en lo que le estaba pasando. La experiencia de sentirse comprendida, en contraste con la de sentirse como suspendida en el aire, la ayudó a atenuar la sensación de estar totalmente perdida. Empezó a interesarse en conocerse a sí misma y aprovechó bien la ayuda que se le estaba ofreciendo.

Gracias al asesoramiento externo, Ann pudo empezar a recapacitar sobre sus conflictos y abandonar su vida de excesos. La relación con sus padres mejoró. Ann empezó a salir regularmente con un joven a quien le unía una serie de intereses y una atracción física mutua. La relación era muy superior a cualquier otra de las que había tenido antes. Ann había estado viviendo en una especie de tierra de nadie, había rechazado el marco de referencia de sus padres y no había hallado ningún otro.

2. El *university counsellor* es el consejero o asesor de los estudiantes universitarios, a quien los estudiantes pueden consultar cuando tienen problemas personales. *(N. del t.)*

CAPÍTULO OCTAVO

TRASTORNOS DEL APETITO Y DEPRESIÓN

Trastornos del apetito

Desde que se inicia el desarrollo sexual y empiezan a producirse importantes transformaciones corporales que cambian su apariencia externa, los adolescentes comienzan a preocuparse mucho de su imagen. Muchas más chicas que chicos sufren trastornos del apetito. Una joven de dieciocho años que sigue en la actualidad una dieta estricta probablemente tuvo graves preocupaciones cuando empezaron sus períodos menstruales y comenzaron a cambiarle las líneas del cuerpo. Un ejemplo de ello es el de una chica en el comienzo de la adolescencia que dijo: «mi cuerpo va por su cuenta sin que yo pueda hacer nada». No es por casualidad que una gran pérdida de peso como consecuencia de negarse a comer cause también la cesación de los períodos. Ello tiene, por supuesto, una explicación fisiológica, pero tiene también el significado del rechazo al desarrollo sexual. Los trastornos del apetito, sobre todo cuando son graves, producen gran ansiedad y conllevan incluso un riesgo de muerte. Pueden requerir ayuda profesional, médica y de otras clases. Los síntomas no son sino el resultado de graves estados de ansiedad. Éstos pueden extenderse como en una oleada a otros adolescentes. En el desarrollo de la ansiedad intervienen también los padres, los familiares, los amigos y, a veces, los terapeutas.

Un problema interno con repercusiones externas

Barbara tiene dieciocho años y está en el último año del bachillerato. Cuando era un bebé comía muy mal, y a los tres años, al poco de nacer su hermanito, pasó un período de manías con la comida. Empezó a rechazar alimentos que anteriormente le habían gustado, y durante un año se negó a comer otra cosa que purés.

Los padres se separaron, más o menos, cuando Barbara empezaba la escuela. La niña se quedó viviendo con la madre pero veía a su padre con frecuencia. Al alcanzar la pubertad seguía comiendo mal, y entre los doce y los trece años no había ningún alimento que le gustara y casi no comía. Sus períodos cesaron y no volvió a tenerlos hasta que se recuperó de su anorexia. En la escuela iba bien en todas las materias y además le gustaba la cocina y le encantaba preparar comidas, aunque ella comiera muy poco.

En el segundo semestre de su último año de bachillerato recayó marcadamente en la anorexia. Dejó de comer en la mesa con la familia. Se empeñaba en equilibrar la pequeña ingesta de alimento con un ejercicio intenso, para no ganar ningún peso. De hecho, lo que ocurrió fue que perdió mucho peso. Esto no preocupó más que a los padres, ya que Barbara seguía creyendo que estaba demasiado gorda. Su profesor de inglés, que además era el director de los cursos de bachillerato, estaba alarmado porque la obsesión por el peso, por la comida y por guardar la línea se estaba extendiendo a todos los compañeros de curso de Barbara. Parece ser que el proceso lo inició una chica llamada Nancy, que antes había estado extraordinariamente delgada pero que, cuando la obsesión por el peso y la comida se extendió a la clase, ya había recobrado peso. Se comprobó que la ansiedad hacía mucha más mella en unas alumnas que en otras.

A pesar del divorcio, los padres de Barbara continuaron ocupándose conjuntamente de los hijos. Cuando en el bachillerato se representó una obra de Shakespeare como parte de la preparación para el examen de selectividad, los padres de Barbara estuvieron presentes y pudieron hablar con los padres de otros alumnos igualmente obsesionados con la dieta y se comunicaron sus preocupaciones respectivas. Hasta ese momento no se habían percatado de que en ese curso del bachillerato había una especie de pequeña epidemia de anorexia. Una pareja con la que los padres de Barbara hablaron mencionó que su médico había tomado el asunto con mucho interés y que como consecuencia de ello su hija había empezado un tratamiento de psicoterapia. Como para entonces Barbara había adelgazado hasta extremos alarmantes, sus padres decidieron hacer lo mismo y consultar también con su médico. Al principio Barbara no quería empezar la terapia, alegando que necesitaba todo el tiempo libre para estudiar, pero luego se dejó convencer para asistir a unas cuantas entrevistas de prueba, y luego se decidió a someterse al tratamiento. La psicoterapia la ayudó a comprender y a controlar la ansiedad que estaba en la base del trastorno.

Circunstancias externas traumáticas

Marcus, de veinte años, llegó a Londres como refugiado procedente de un país devastado. El padre había muerto en circunstancias trágicas en la guerra civil. Marcus y la madre llegaron con un grupo de refugiados. Él había pasado hambre y estaba muy delgado porque su país sufría gran escasez de alimentos. En cuanto llegó se puso a comer grandes cantidades de los alimentos más a mano tales como cereales, galletas y chocolate. En el Reino Unido, y con muy buen acierto, se organizó un grupo de víctimas del desastre para que los refugiados pudieran comunicar sus experiencias traumáticas. En una de las reuniones del grupo en la que el tema de discusión era cómo podrían los jóvenes desembarazarse de sus insoportables recuerdos, una joven, Maria, con una voz muy apagada, dijo: «Yo tengo una manera muy buena de hacerlo. Me doy un atracón de comer y después vomito». Un joven de diecinueve años, descarado y malhumorado, aprovechó para decir: «Ya se sabe que son siempre las chicas las que hacen esas cosas». Marcus, que estaba sentado al lado de Maria y había escuchado con sumo interés lo que ésta había contado, tuvo la valentía de decir que él también había estado atracándose y vomitando desde que salió del país. Apenas había terminado de hablar cuando otra chica interrumpió para decir que era prácticamente imposible ponerse a reflexionar fríamente sobre lo que habían pasado. Quiso limitar la discusión a lo referente a los atracones, y dejar de hablar de vómitos, diciendo: «Claro que todos comemos un montón aquí que hay comida. Llevamos meses pasando hambre en nuestro país».

La discusión podía haber terminado allí, pero el coordinador tuvo la habilidad de lograr que prosiguiera, y entonces los jóvenes analizaron que los síntomas que Marcus y Maria habían descrito estaban seguramente relacionados con sus experiencias traumáticas. Tragar vorazmente serviría para combatir la ansiedad, la sensación de vacío y de pérdida. En cambio el vómito estaría en relación, al menos en parte, con el hecho de que esos dos jóvenes habían tenido experiencias que eran literalmente indigeribles, y el vómito representaba una manera expeditiva de librarse de ellas. Se trata de casos en los que los traumas mentales influyen físicamente.

Estos últimos ejemplos se refieren a experiencias externas. Pero las alteraciones de la alimentación se pueden dar también como consecuencia de conflictos puramente internos, como en el caso de Barbara. Muy frecuentemente, lo que se produce es una combinación de factores internos y externos. La bulimia, en la que el paciente se atiborra de comida y luego vomita, se da también frecuentemente como consecuencia de situaciones menos traumáticas que las arriba mencionadas, pero que son igualmente difíciles de asimilar emocionalmente.

Depresión: factores externos

Los estados depresivos tienen causas y significados diversos. La depresión se caracteriza por una actitud apática ante la vida: una falta general de iniciativa y de vitalidad. En ella se pueden conjugar predominantemente factores internos o externos, o una mezcla de ambos.

Alan, de diecinueve años, terminó la escuela con notas muy malas, pero la realidad era que nunca esperó que las notas le fueran a servir de mucho ya que no pensaba continuar estudiando. No consiguió plaza en ningún curso de capacitación ni encontró empleo. Solía levantarse muy tarde, por más que la madre insistiera en que desayunara con la familia. Se pasaba gran parte del tiempo mirando la televisión, sobre todo los deportes, y no leía más que algún periódico que hubiera a mano. Gran parte del dinero que recibía de la seguridad social lo gastaba en cigarrillos. El padre, que había sido minero, se quedó sin trabajo al reducirse la plantilla, pero como era hombre capaz se asoció con un antiguo compañero y juntos montaron un pequeño negocio de trabajos manuales. Consiguió que Alan fuera también a ayudar, para lo que tuvo que vencer antes cierta resistencia de su parte, dado que el joven se había acostumbrado ya a no hacer nada. Para poder salir de su estado de depresión y de falta de vitalidad, Alan necesitó de un cambio en las circunstancias externas y también del afectuoso pero firme empujón del padre. Alan se había quedado muy aislado socialmente. El hecho de que su hermano mayor estuviera casado y viviera lejos contribuía a aumentar su soledad. Igual que a Beverley (capítulo segundo), a Alan le ayudó salir del desempleo. Una vez que empezó a ganar dinero le fue fácil salir por las noches y encontrarse con otros jóvenes. Con el tiempo se buscó una novia, que contribuyó a que Alan alejara de sí el sentimiento depresivo que tenía de sentirse indigno de que alguien le quisiera. Cuando alcanzó los veinte ya podía mirar la vida con más alegría. En el caso de Alan los factores externos jugaron un papel importante tanto al principio, al comienzo de la depresión, como después, cuando desapareció. El siguiente caso es un ejemplo de un tipo distinto de depresión, más ligado a factores internos como los sentimientos de agravio y de amargura.

Depresión: factores internos

Eva tenía dieciocho años y había llegado como chica *au pair* a una pequeña ciudad de Inglaterra para estar con Michael y Julia Smith, y sus tres hijos. La familia Smith era amable y de trato fácil. Michael era copropietario de una tienda de alquiler de vídeos, y Julia tenía un negocio de venta por correo de ropa de niño que ella misma diseñaba y confeccionaba. Los Smith se sorprendieron del carácter triste y hosco de Eva, que al principio atribuyeron a la nostalgia por su país. Luego resultó que ésa no era la razón porque cuando comentaba detalles de su ciudad y de su familia todo eran críticas. Julia, que era muy perspicaz, tuvo la impresión de que esa crítica constante formaba parte del carácter de Eva, que era una persona que parecía no tener energía, se levantaba muy tarde y parecía que le costaba un trabajo ingente hacer cualquier pequeño trabajo. Cuando le pidieron que ayudara a poner el desayuno y que se ocupara de que los niños estuvieran listos ir a la escuela, que Julia consideraba como tareas de Eva, ésta puso peros. Replicó que haría todas sus tareas a lo largo del día, pero que en el acuerdo no se especificaba que tuviera que hacerlas a una hora determinada.

Estaba claro que a Eva le faltaban energía y vitalidad, y además, sus muchas quejas, que iban en aumento, le robaban la poca energía que tenía. Sugirió, en un cierto momento, que tenía derecho a estar deprimida y que no iba a renunciar a ese derecho. A las tres semanas de su llegada, Julia vio un periódico con anuncios ofreciendo puestos *au pair* que Eva había dejado ostensiblemente encima de la mesa del café. Julia decidió hablar abiertamente de lo que era obvio: que Eva no estaba contenta en aquella casa. Eva confesó que estaba buscando trabajo en Londres porque no le gustaba nada la vida de una pequeña ciudad de provincias. Además quería —cosa prácticamente imposible de encontrar— una casa que diera poco trabajo y en la que no hubiera más de un niño, porque el trabajo con niños no le gustaba nada. Como era de esperar, Eva se marchó, dejando un rastro de amargura y una experiencia desagradable para los niños.

Las personas que se quejan constantemente a menudo han sufrido privaciones y abusos. La conducta de Eva recordaba a la de una persona deprimida porque no se involucraba activamente en el trabajo y siempre estaba malhumorada. El caso de Eva se diferenciaba del de Alan en que el origen de su depresión parecía ser interno más que causado por circunstancias externas. La poca disposición de Eva a ayudar a los niños de la familia Smith pudo deberse a que los percibía como algo parecido a sus hermanos. Es seguro que estaba resentida porque sus padres habían tenido varios hijos menores que ella pero, como es corriente en las familias en las que todos se ayudan normalmente entre sí, al ir creciendo había ido cambiando el sentido de sus celos. Como veremos en el capítulo siguiente, la impresión es que los padres de Eva eran personas que tenían en cuenta las necesidades de todos sus hijos y respetaban sus sentimientos. Pero Eva desarrolló un resentimiento que iba más allá de la familia, y se convirtió en una persona amarga. Parecía gustarle esa amargura, incluso se diría que la necesitaba. Ese aferrarse a sus quejas hacía muy difícil que alguien la pudiera ayudar. Los Smith lo intentaron, pero en aquellas fechas Eva había endurecido su actitud.

A diferencia de Eva, otros jóvenes que arrastran un fuerte resentimiento se dejan ablandar más tarde por el efecto de las buenas experiencias. Esas «segundas oportunidades» —como la ofrecida por la amable familia Smith— sirven para cambiar los sentimientos negativos que se albergan hacia los padres. Incluso en el caso de Eva, ya veremos más adelante que se abrió algún resquicio por el que se introdujo una mejoría en sus relaciones con las figuras paternas.

Depresión: tristeza, pérdida, soledad y riesgo de suicidio

La depresión puede ser también consecuencia de una pérdida en el mundo exterior acompañada de gran tristeza.

Cecily, de quien nos ocuparemos con más detalle en el capítulo siguiente, perdió a su madre a los dieciocho años en un accidente de tráfico. Eso la hizo retraída. Sentía una honda tristeza y rabia, y tenía la sensación de que la vida había sido injusta con ella. Cuando se produce una pérdida así hay que reconocer su gravedad y el dolor que produce, y puede necesitarse apoyo externo. En el capítulo 5 vimos cómo Judith fue consolada por sus padres por la ruptura de su relación con Daniel. Las repetidas pérdidas de contacto de Duncan con sus seres queridos pasaron desapercibidas por él y por su familia hasta el momento en el que dejó el hogar para estudiar en la universidad. También hemos visto que aquellos que han pasado por la experiencia de muertes violentas y de la pérdida de su patria, como es el caso de los refugiados mencionados al principio de este capítulo, pueden necesitar que se les ayude a reconocer y soportar sentimientos que pueden anidar muy hondo.

La tristeza de la pérdida puede hacerse muy difícil de sobrellevar, como veremos en el caso de Cecily, pero casi siempre queda alguna esperanza de recuperación. Sin embargo, algunos jóvenes no son capaces de reponerse, de elaborar la pérdida y de acabar saliendo de la tristeza por sí mismos. Su moral se derrumba, se aíslan y la vida pierde sentido para ellos, hasta el punto de que a veces desarrollan ideas suicidas. En tales casos la ayuda de los padres puede no ser suficiente y puede hacerse necesaria la ayuda profesional.

CAPÍTULO NOVENO

EMPIEZA UNA NUEVA ETAPA DE LA VIDA

Cómo afecta la separación a los miembros de la familia

Como mencioné en la introducción, la marcha definitiva del hijo del hogar familiar va seguida, tanto para el joven como para los padres, de un período de mucha inestabilidad. Cuando los padres miramos atrás, no nos parece que hayamos criado y educado a nuestros hijos tan bien como habríamos deseado. Los padres necesitamos el perdón para nuestros hijos y para nosotros mismos por los errores cometidos, y acostumbrarnos a iniciar una nueva vida solos o con nuestra pareja en lo que nos parece un nido vacío.

Este momento clave del desarrollo normal del joven (momento que también los que hoy somos padres vivimos cuando fuimos jóvenes) es siempre doloroso, en mayor o menor medida, para padres e hijos. El joven entra en una nueva etapa de su vida. Para él o ella la partida puede significar la entrada en el mundo, mientras que para muchos padres, sobre todo si se trata del último hijo que se va, la partida significa sólo ausencia. La madre de Konstantinos, a pesar de estar orgullosa de que su hijo se fuera a estudiar a la facultad de medicina, se sintió triste y abatida cuando su hijo partió, y se alegraba cada vez que el hijo volvía y luego se llevaba consigo a su universidad algún plato de cocina preparado por ella. Cuando Laura dejó la casa de los padres para irse a vivir al piso que iba a compartir con unas amigas, a los padres les pareció que hacía bien y que daba un paso positivo. En particular, la madre pensó que tener que asumir algunas de las responsabilidades de llevar una casa haría bien a Laura. Como Laura fue la última de los hijos en dejar la casa, los padres echaron de menos la animada vida familiar e, incluso —con gran sorpresa por su parte—, el frecuente sonido del teléfono que antes les había parecido tan irritante. Decidieron ir juntos por las tardes a clases de italiano para preparar un viaje de vacaciones que tenían previsto, y la verdad es que no les importó dedicar ahora más tiempo que antes a cultivar sus aficiones.

Konstantinos y Laura dejaron sus casas según el plan previsto por los padres, como un paso más en el desarrollo natural de los jóvenes, sin sorpresas para nadie. El abandono de la casa paterna, que muchas veces crea problemas y deja un rastro de dolor, suele producirse abruptamente. Eso fue lo que ocurrió en el caso de Roy aunque, según hemos visto en el presente capítulo, muchas de las asperezas que quedaron fueran limadas más tarde.

A veces un niño, como Duncan, sigue arrastrando mucho tiempo, y con efectos muy perjudiciales para su desarrollo, el gran trauma que le produjo separarse de su familia. Aunque las raíces emocionales estaban en la infancia, el trastorno de Duncan no se manifestó hasta mucho más tarde. Algunas separaciones dejan conflictos emocionales sin resolver, como probablemente ocurrió en el triste caso de Harry, que terminó sin hogar en las calles de Londres.

Volver a casa

A veces los hijos ya crecidos se sienten inquietos, tienen ansias de total independencia, creen —y tal vez los padres también— que están listos para marcharse definitivamente, pero lo que ocurre en realidad es que necesitan experimentar el alejamiento, sentir la nostalgia. Éste es el caso de los hijos que se marchan y vuelven al poco tiempo porque en realidad no han adquirido todavía la capacidad de valerse por sí mismos.

Eva, de quien hemos hablado en el capítulo anterior, decidió volver a casa de sus padres a pasar la Navidad, y se encontró con un problema. Había dejado el hogar diciendo muy convencida que se marchaba para ganarse la vida trabajando como *au pair* en el extranjero y que probablemente no volvería por vacaciones. En aquel momento parecía estar dispuesta al cien por cien a desempeñar el papel de cuidadora de los hijos de otros, pero luego, como hemos visto, su entusiasmo se desvaneció enseguida.

Cuando Eva vivía en casa, sus cuatro hermanos pequeños durmieron siempre distribuidos en dos habitaciones. Eva, por ser chica, y además la mayor, había logrado el privilegio de tener una habitación para ella sola. Cuando se marchó, los padres le dieron su habitación a Ingmar, el mayor de los chicos, que estaba preparando los exámenes finales y a menudo tenía que estudiar hasta tarde por la noche.

A los padres les sorprendió que al final Eva decidiera volver a casa por Navidad, aunque se alegraron mucho de ello. Comprendieron que no le gustaría encontrarse al llegar con que ya no tenía su habitación, así es que le escribieron para decirle cómo se iban a distribuir las habitaciones. Pensaron que Ingmar podría volver a compartir habitación con su hermano, pero finalmente decidieron que eso no sería justo para él. Tampoco Eva, pensaron, se encontraría muy a gusto en su antigua habitación llena de posters y cosas de sus hermanos. Así es que instalaron a Eva a dormir en el mueble cama del salón, que era donde ponían generalmente a los amigos que se quedaban a dormir. Eso reforzó en ella la idea de que la trataban como a una mera visitante. Puso buena cara pero la realidad es que el arreglo la hirió tanto que no fue capaz de comentarlo con los padres, aunque si lo hubiera hecho habría comprendido sus razones. Con quien sí comentó que se sentía expulsada de la familia fue con su tía Ingrid, la hermana más pequeña del padre, con la que siempre mantuvo muy buena relación. La conversación le sirvió para sentirse comprendida y también para entender en parte los motivos de los padres. Incluso fue capaz de reconocer ante su tía su tendencia a sentirse siempre agraviada. La tía Ingrid aprovechó un momento oportuno para comentarle que también a ella le gustó en su día trasladarse a la habitación de su hermano —el padre de Eva— cuando éste dejó la casa.

Puntos de vista contrapuestos

El ejemplo anterior nos muestra cómo las circunstancias pueden llevar a una persona joven a sentirse rechazada. También es frecuente que los padres tengan la misma sensación.

Cuando Roy les dijo a sus padres que se iba a vivir con Patsy sin casarse, sintieron aquello como un rechazo por parte del hijo de los valores que ellos tenían en tan alta estima y que creían que Roy compartía. No habían querido comprender que la vida sexual de Roy se había apartado claramente de sus rígidos principios. Roy se sentía ofendido y los padres no cedían un ápice en su rígida actitud, lo que hizo imposible la comunicación durante algún tiempo. Los padres no podían aceptar que Roy despreciara de esa manera sus creencias. Además les ofendía que éste les tratara de sectarios y de estrechos de miras. Era como si creyera que todo lo habían estado haciendo mal. Por su parte, Roy estaba seguro de no estar haciendo nada incorrecto y de que sus padres no eran razonables. Le costaba trabajo pedir perdón y a sus padres les costaba perdonarle. Roy y su novia Patsy abandonaron la costumbre de comer los domingos con la familia de él. Como los hermanos y hermanas mayores de Roy cumplían sin problemas con las normas tradicionales de la familia, el comportamiento de Roy cogió a los padres totalmente de sorpresa.

Los adolescentes hacen vivir a los padres toda clase de situaciones. Los dos casos anteriores son ejemplos de vivencias muy distintas. Eva se sintió herida porque consideró que la trataban como si ya no fuera de la familia. Los padres de Roy se sintieron heridos porque pensaron que su hijo despreciaba sus creencias.

Cuestiones dolorosas

A veces a los padres no les gustan los amigos, las parejas o el estilo de vida de sus hijos. Pero cuando los hijos llegan a esa edad los padres comprenden que el autoritarismo y los juicios drásticos pueden ser contraproducentes.

Los padres de Ann eran tal vez un poco rígidos, pero eran también muy buenos con ella, y por eso sintieron mucho que sus relaciones con su hija, que hasta entonces habían sido tan buenas, se estropearan. A Ann no le gustaba mucho que los padres fueran a verla a la universidad. No ocultó que aquel ritual de ir a cenar con ella una vez al mes no era su manera ideal de divertirse. Cuando los padres descubrieron en qué consistía ese ideal suyo de diversión se sintieron consternados. El fuerte olor a incienso y los jóvenes con aspecto extraño que encontraron en la habitación algunas de las veces que fueron de visita les dejó bien claro que allí se hacía un consumo abundante de cannabis y les indujo a pensar que ésa era una de las razones por las que la generosa cantidad de dinero que le pasaban regularmente a Ann nunca parecía ser bastante.

Se dieron cuenta de que su hija se había dejado seducir de buen grado por una banda de estudiantes de las que se definen como antiparentales. Tuvieron mucho miedo de perder a Ann en los brazos promiscuos de la banda y en la adicción a las drogas y al alcohol. Afortunadamente fueron capaces de infundirse fuerza recíprocamente, y eso les impidió derrumbarse y les permitió reaccionar de modo constructivo. Encontraron el modo de hacerle saber a Ann que estaban al cabo de la calle de lo que estaba pasando y pudieron mantener con ella una relación tal que no se sintiera ni controlada ni abandonada. Sintieron un enorme alivio cuando Ann les dijo un día que había consultado con el *university counsellor*. (Véase la nota al pie de la página 66.)

A los padres de Ann no le gustaron ni sus amigos ni su modo de vida, pero sabían que si la criticaban demasiado estrecharía aún más sus lazos con la banda.

Otras veces no se trata de un desacuerdo de los padres con el grupo de amigos, sino con la pareja que el hijo o la hija ha elegido.

Ya me referí anteriormente a la buena relación que había entre Konstantinos y sus padres. Este buen entendimiento se vio seriamente amenazado cuando Konstantinos se enamoró de una compañera de medicina, una bonita irlandesa llamada Kitty. Los padres aceptaron en su día que el hijo no continuara el negocio familiar, pero esto de ahora era bastante más duro de aceptar. Ninguno de los dos, sobre todo la madre, quería que el hijo se casara con una mujer, por muy «buena chica» que fuera, que no perteneciera a su misma iglesia. No les cabía en la cabeza tener nietos que no pertenecieran enteramente a su cultura. Cuando Konstantinos les dijo a sus padres que su relación con Kitty iba en serio y que un día se casarían, la madre se echó a llorar. Konstantinos comprendió que su decisión sorprendiera dolorosamente a sus padres y entendió los sentimientos de su madre, pero sabía que tenía derecho a escoger y no cedió.

Apoyo de los padres y apoyo profesional

Ya hemos visto algunos ejemplos en los que los padres acudieron en apoyo de los hijos y lo hicieron con éxito. A veces podemos ayudar a los hijos en estas edades simplemente manteniéndonos cercanos a ellos y atentos a sus sentimientos. Podemos compartir ideas con ellos y hacer planes juntos. También hemos de ser tolerantes si no coincidimos en nuestros planes futuros, como fue el caso de Jenny, o si nos duele su elección de pareja, como en el caso de Konstantinos.

En ocasiones puede que tengamos que abrir las puertas de la casa a un hijo que vuelve tras una crisis, como en el caso de Judith, cuando su relación con Daniel se rompió y los padres comprendieron que necesitaba que de nuevo la trataran durante un tiempo como a una hija pequeña. El trato amoroso de los padres permitió a Judith recobrar su autoestima, sentirse de nuevo digna de ser querida. En el caso de Eva, los padres también reaccionaron cariñosamente cuando volvió a casa, pero no permitieron que desorganizara la vida de toda la familia.

Como hemos visto en el caso de Ann, hay veces en que los padres tienen que dejar claro que no están de acuerdo con el modo de vida del hijo o de la hija, pero sin dejar por eso de demostrar hacia ellos una actitud afectuosa y protectora, por difícil que esto se presente en ocasiones. Como vimos en el caso de Barbara, también padres separados pueden apoyarse mutuamente en momentos en los que los hijos les necesitan a ambos.

A veces los padres tienen también sus propias dificultades que les impiden responder de la manera adecuada a los problemas de los hijos. En ciertos casos la situación es de tal envergadura que la acción de los padres no basta y se hace necesaria la ayuda externa, como ocurrió con Ann, con Barbara y con los jóvenes refugiados. En ocasiones los padres pueden no saber a quién recurrir. Si el joven está estudiando en la universidad siempre podrá consultar al *university counsellor* (véase la nota al pie de la página 66). En el caso de Barbara los padres se beneficiaron de la información obtenida de otros padres con el mismo problema.

Hijastros

A veces a los padres no les gusta la pareja que su hijo ha elegido, y del mismo modo puede ocurrir que a un hijo no le guste la nueva pareja de su madre o de su padre. Hemos visto en capítulos anteriores que Cecily perdió a su madre a la edad de dieciocho años en un accidente de coche. Pasó algún tiempo retraída en sí misma, lo que es comprensible, pero a los veinte años estaba saliendo de nuevo y llevaba ya meses con un novio estable. Se había hecho a la idea de que tras la muerte de la madre el padre no volvería a casarse. Vivía todavía en la casa familiar cuando el padre empezó a salir mucho más de lo acostumbrado y al fin un día le dijo que se iba a casar con Mavis, una mujer algo más joven que él y con dos niños en la escuela primaria. La primera reacción de Cecily fue de indignación. ¿Cómo se atrevía su padre a hacer una cosa así? ¿Qué habría pensado su madre? Aunque sostenía que lo que ella quería era solamente que se mantuviera viva la memoria de la madre, la realidad es que cuando se convenció de que su padre estaba decidido a casarse surgieron en ella sentimientos más complejos y más difíciles de entender.

Desde la muerte de su madre, Cecily se había acostumbrado a ser «el ama de casa», y a cuidar muy bien de su padre y de su hermano. Además, le costaba trabajo adaptarse a la idea de que justo cuando ella estaba comprometiéndose con su novio para casarse, su padre estuviera haciendo lo mismo por su lado. Por último, y esto era de la mayor importancia, ella había tenido que librar una batalla contra sus sentimientos encontrados de niña pequeña cuando nació su hermano, y creyó que ya nunca más tendría problemas con otros niños en la familia. El padre tenía todo el derecho a ser firme en lo tocante a su deseo de casarse, pero también, afortunadamente, fue comprensivo con los complejos sentimientos de Cecily.

Los hijos de padres viudos o divorciados pueden tener muchas dificultades en aceptar a los hijos que aporte la nueva pareja de la madre o del padre, y eso les ocurre sobre todo a la edad que ahora estamos considerando.

Para Cecily las cosas fueron especialmente difíciles. Para empezar, ella veía que el hogar que había venido cuidando con tanta devoción y con tanto éxito estaba ahora invadido por Mavis y sus hijos. Juguetes y cintas de vídeo se hallaban en desorden por todas partes. Lo que antes era la inmaculada alfombra del salón estaba ahora llena de restos pisoteados de las patatas fritas que se consumían durante los programas infantiles de la televisión. A Cecily no le gustó que fuera Mavis la que acabara cogiendo la aspiradora y limpiándolo todo para poner remedio a tamaña suciedad. El problema de Cecily estaba en que ella no tenía ninguna gana de limpiar lo que los niños ensuciaban pero tampoco quería que Mavis se encargara de la limpieza. A Cecily le parecía que ahora toda la casa giraba en torno a los niños. El único rincón soleado del jardín, que era donde Cecily tenía la costumbre de tomar el sol, estaba ahora ocupado por un armazón de barras de trepar que Mavis y los niños se habían llevado con ellos.

Cecily tuvo que hacer frente a un montón de complicados sentimientos. Pensó en irse a vivir con Rodney, su novio. Se sentía desplazada y quería tener su propio espacio. Pero se le hacía penoso dejar la casa que, desde su punto de vista era la suya como continuadora de su madre. Estaba molesta porque se sentía empujada a dar el paso de marcharse de casa con Rodney, paso para el que todavía no estaban preparados. Pasó por un período de dudas y de incertidumbres, pero lo que estaba claro era que no soportaba vivir junto con su padre y Mavis, sobre todo desde que supo que Mavis estaba embarazada. Pensar en ese medio hermano o hermana fue demasiado para ella, y rápidamente se fue a vivir con Rodney. Su nuevo hogar era lastimoso en contraste con la que ella aún consideraba como su casa, ya que Rodney no contaba más que con una habitación con derecho a cocina.

Embarazo, maternidad, aborto

Al poco de mudarse, Cecily tuvo que tomar una difícil decisión. Tuvo una falta y supuso que estaba embarazada. ¿Qué hacer? Ella y Rodney no estaban aún preparados para ser padres, así que consideraron seriamente la posibilidad de abortar. Rodney estaba indeciso porque pensaba que, de todas formas, algún día tendría que ser padre. Hablando de eso, dejó a Cecily sorprendida al decirle que a lo mejor se había olvidado alguna vez de tomar la píldora para no ser menos que Mavis, que iba a tener un niño. Cecily no supo qué responder, no le gustó nada la salida de Rodney, pero luego, pensándolo bien, vio que podría tener razón. El hecho de vivir en un sitio tan inadecuado para la crianza de un niño aumentó el resentimiento que Cecily sentía hacia Mavis por haberse apropiado de la casa de su infancia. Afortunadamente, resultó que no estaba embarazada pero hasta que no lo supo, Cecily pasó por un período muy angustioso.

Dentro de Cecily había una niña luchadora que habría podido muy bien desear quedarse embarazada para competir con Mavis. Por otra parte, había también en ella una joven de veinte años inteligente y madura, con buenos recuerdos de su madre y de cómo ésta la cuidó. Se había propuesto ser una buena madre y no permitir que nada se lo impidiera, pero en aquellos momentos la rivalidad con la nueva mujer de su padre era tan grande que predominó sobre todo lo demás. Éste es un ejemplo de esos casos en los que es muy difícil discernir si abortar será o no una buena elección.

Ésta es una edad en la que a veces se toma la decisión de abortar sin consultar con los padres. A otras edades se recurre mucho más a los padres antes de decidir. En el capítulo tercero hicimos una primera alusión a Yvonne como persona capaz de sopesar los pros y los contras y tomar decisiones. Yvonne se quedó embarazada sin quererlo, precisamente cuando su amigo Karl, estudiante de música como ella, estaba a punto de regresar a su país para terminar allí los estudios. Yvonne no dudó en consultar con sus padres: ¿debía abortar? ¿Debía tener el niño sabiendo que sería una madre soltera? Los padres sabían que su hija no necesitaba que ellos le dijeran lo que tenía que hacer sino, como en otras ocasiones, que la escucharan con atención y sensibilidad y la ayudaran a que ella misma viera todas las implicaciones del problema para que pudiera hallar por sí misma la solución. Tras analizar con atención la responsabilidad que adquiriría como madre soltera y sola, Yvonne decidió tener y criar al niño. Le dio ánimos saber que sus padres estaban de su parte y que estarían siempre dispuestos a ayudarla en todo lo que pudieran.

La relación entre Yvonne y Karl no databa de mucho tiempo, pero había sido en general una relación feliz en la que habían compartido el entusiasmo por la música. El embarazo no había sido premeditado, pero una vez que ocurrió se comprobó que Yvonne tenía mucha más disposición interior que Karl a tener un hijo, al menos en aquel momento. Ella asumió que la decisión de quedarse o no con el niño era suya. Esperó poder conservar la amistad con Karl porque pensó que ello sería bueno para el niño, pero desgraciadamente esto último no fue posible.

Una joven puede sentir deseos de tener un hijo sin que en realidad se trate de un deseo bien madurado. Puede tratarse simplemente de un recuerdo de muy atrás, de cuando de niña deseó que su muñeca tuviera vida para que así ella pudiera ser igual que mamá. Jóvenes que se sienten muy solas pueden desear la compañía de un bebé con la esperanza imposible de que viva en él el eterno niño interior. No tienen conciencia adulta del trabajo y la responsabilidad que significan mantener un hijo. Todo eso es muy diferente de la motivación adulta para criar y educar un hijo, aceptar todo el trabajo que ello implica: la ansiedad, las noches en vela y las responsabilidades a lo largo de muchos años, por lo menos hasta que el hijo alcance la edad de la que se ocupa este libro.

La nueva generación

Al poco de estar viviendo con Roy, Patsy se quedó embarazada. Entonces se casaron. Desde que Roy anunció que se casaba, la tensión con sus padres disminuyó considerablemente, los contactos se hicieron más frecuentes y se reanudó la tradición de reunirse todos para la comida de los domingos, pero aun así la relación de Roy con sus padres no volvió nunca a ser la de antes.

El nacimiento del pequeño David afectó profundamente a las relaciones familiares. Cuando Roy se fue a vivir con Patsy, los padres no renunciaron a conseguir que un día el hijo se reconciliara con los principios de la familia. Ahora que Roy y Patsy formaban también una familia, se les percibió de modo diferente y las relaciones entre las dos generaciones cambiaron. Los padres de Roy no dudaron de que la responsabilidad por la crianza y la educación de David correspondiera a sus padres. Aunque los padres de Roy se mantuvieron siempre disponibles para ayudar en cuanto pudieran, se guardaron de emitir opiniones. De hecho, se dieron cuenta con agrado de que trataban a David más relajadamente que a sus propios hijos. Como es el caso de la mayoría de los abuelos, al no ser directamente responsables de la crianza del nietecito, su relación con él era más relajada que la que habían tenido con sus hijos.

La relación entre Roy y sus padres había estado sembrada de agravios difíciles de olvidar. Roy no les perdonaba que le hubieran negado su independencia. Ellos no le perdonaban que hubiera abdicado de sus creencias. Pero el sentimiento de agravio por ambas partes se disolvió en cuanto el nacimiento de David les unió en la alegría. Los padres apreciaron la continuidad que se creaba, ya que David era el nombre del padre de Roy. Si el recién nacido hubiera sido niña, Patsy habría querido ponerle el nombre de su propia madre. Tanto si esa manera concreta de representar la continuación de la vida en la generación siguiente se cumple como si no, los abuelos se sienten siempre agradecidos a los hijos que les proporcionan lo que ellos consideran el regalo de un nieto, en el que ellos pueden reconocer alguna chispa de su propia vida.

> «... un hijo, más que cualquier otro bien
> que la tierra pueda dar al hombre que declina,
> le trae esperanza y le hace pensar en el futuro.»

> (Wordsworth: «Michael»)

BIBLIOGRAFÍA

Box, S. y otros (comps.), *Crisis at Adolescence: Object Relations Therapy with the Family,* Nueva Jersey y Londres, Jason Aronson Inc., 1994.

Copley, B., *The World of Adolescence: Literature, Society and Psychoanalitic Psychotherapy,* Londres, Free Association Books, 1993.

Salzberger-Wittenberg I, y otros, *The Emotional Experience of Learning and Teaching,* Londres, Routledge and Kegan Paul, 1986.

Shakespeare, W., *Romeo y Julieta.*

Tolstoy, L. N., *Guerra y paz.*